юниорская радуга

ЦВЕТА КОШЕК

Знакомство с цветами для молодых умов

от Радуги Рой

www.thomasinemedia.com
ISBN: 979-8-8691-2691-7

юниорская радуга

ЦВЕТА КОШЕК

Знакомство с цветами для молодых умов
от Радуги Рой

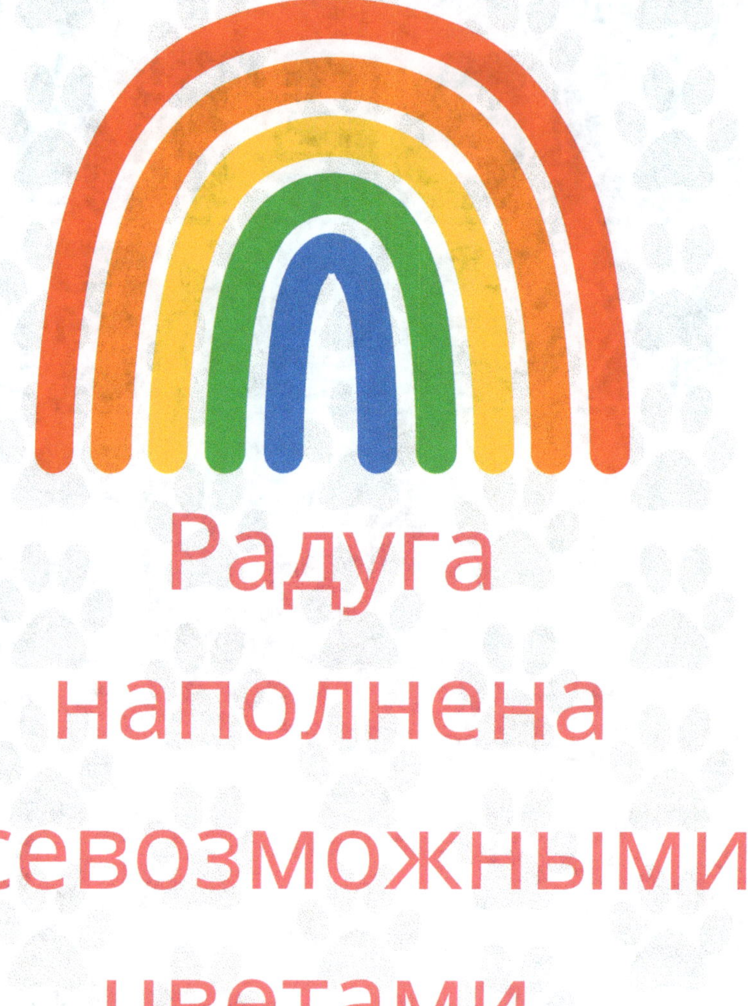

Радуга

наполнена

всевозможными

цветами.

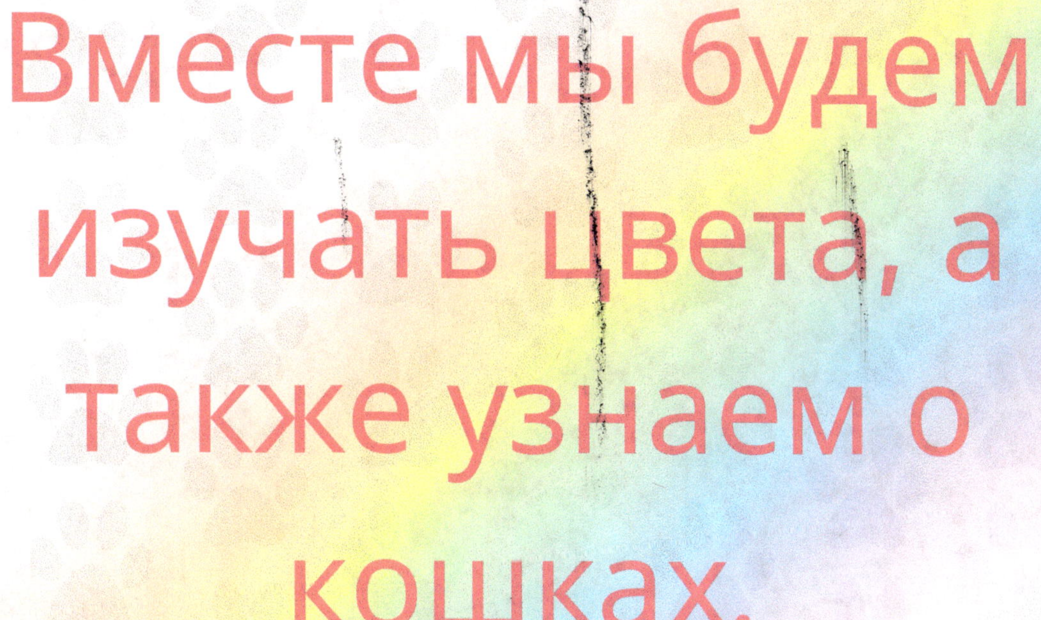

Вместе мы будем изучать цвета, а также узнаем о кошках.

КРАСНЫЙ

Рыжий, как абиссинский кот.

АПЕЛЬСИН

Оранжевый, как полосатый кот.

ЖЕЛТЫЙ

Желтый, как у сиамской кошки.

ЗЕЛЕНЫЙ

Зелёные, как глаза египетской кошки Мау.

СИНИЙ

Синий, как русская голубая кошка.

ИНДИГО

Индиго, как эта игрушка для кошек.

ФИОЛЕТОВЫЙ

Фиолетовый, как ошейник этой кошки.

Теперь давайте посмотрим на другие цвета, помимо радуги!

РОЗОВЫЙ

Розовый, как
кот сфинкс.

КОРИЧНЕВЫЙ

Коричневый, как бенгальский кот.

БЕЛЫЙ

Белый, как
турецкая ангора.

ЧЕРНЫЙ

Черный, как бомбейский кот.

СЕРЫЙ

Серый, как у
британской
короткошерстной
кошки.

Теперь давайте посмотрим, что вы узнали!

Какого цвета этот кот?

Этот кот оранжево-белый.

Какого цвета этот кот?

Этот кот серый.

Какого цвета глаза у этой кошки?

Его глаза желтые.

Ты такой умный!
Всегда продолжайте
учиться и никогда не
забывайте о своей
любви к обучению.